История мира

Шям Мехта

Сущность того, Что произошло

И Почему это произошло,

И Куда мы движемся.

Shyam Mehta, The Loving Heart Centre, www.lovingheartcentre.net

Шям Мехта, 1952 – 2009
История мира

Объем 7, Собрание Центра Любящего Сердца

ISBN: 1-4121-5166-X

Электронная почта: love@lovingheartcentre.net
Наш адрес в Интернет: www.lovingheartcentre.net

Shyam Mehta, The Loving Heart Centre, www.lovingheartcentre.net

Мои работы

Я написал 42 книг, которые приведены ниже. Каждое слово во всех книгах пришло непосредственно от Бога Шри Кришна. Но современному западному уму эти книги часто не по вкусу. То что в них говорится кажется иногда смешным. Иногда абсурдным. Но если каждую фразу внимательно рассмотреть медитативным путём, можно набрать багаж правды, который поможет вам в жизни. Например, если взять мою книгу «Совершенствование своей сферы эмоциональной энергии», и просто смотреть в течение 3 минут на мою картину, представленную на обложке, то волнение вашей эмоциональной энергии (после того, как вы были расстроены, грубость, злость и т.п.) будет излечено. Я не думаю, что в чём-нибудь ошибся, передавая то, что сказал мой Бог.

Что представляет сегодня западный мир? Весь мир сегодня западный. Так что, когда я говорю «предвзятый западный ум», я рискую изменять весь мир. Таково моё внутреннее существо или существо Бога. Хотя в этом проекте Он кажется делает доброе дело.

Книга шуток (A Book of Jokes), ISBN: 978-1-4092-9071-1
Приятные, не сексуальные и не расистские шутки.
Руководство мужчины по достижению любви и счастья (A Man' s Guide to Developing Love and Happiness), ISBN: 1-4121-5210-0
Я показываю и мужчинам и женщинам, что счастливую жизнь можно вести более спокойным путём, чем вам кажется.
Астрология и анализ снов (Astrology and Dream Analysis), ISBN: 978-1-4092-9024-7
Ваше астрологическое число. Послания из ваших снов. Система Аллаха.
Моя автобиография (Autobiography of me), ISBN: 978-1-4092-8654-7
Кто я действительно такой.
Христианство (Christianity), ISBN: 978-1-4092-9112-1
Почему всё зло мира начинается отсюда. Почему это сейчас уже история.
Экономика (Economics), ISBN: 978-1-4092-9137-4
Оригинальный практический взгляд на эту старую «науку».
Заключительные размышления (Final Thoughts), ISBN: 978-1-4092-8953-1
Здесь подытоживаются наиболее практичные из всех мудрых идей, которые необходимы, чтобы вести здоровую, счастливую, заполненную радостной любовью жизнь.
Будущий мир (Future World), ISBN: 978-1-4092-9058-2
Какова разумная оценка главных факторов, которые будут влиять на вас в течение следующих 20 лет?
Бог (God), ISBN: 978-1-4092-8918-0
Предсказания. Решать следует вам.

Shyam Mehta, The Loving Heart Centre, www.lovingheartcentre.net

Здоровье (Health), ISBN: 978-1-4092-9052-0
Что такое «делать». Что делать. Что не делать.

Как учить своего ребёнка английскому языку (How to Teach Your Child English), ISBN: 978-1-4092-9135-0
Лучший метод.

Как учить своего ребёнка общим знаниям (How to Teach Your Child General Knowledge), ISBN: 978-1-4092-9104-6
Большая часть из того, что он учит, ему не требуется. Здесь говорится о том, что ему требуется.

Как учить своего ребёнка математике (How to Teach Your Child Maths), ISBN: 978-1-4092-9103-9
Полный курс математики, простым образом изложенный математиком.

Набор инструментов человека для самоанализа (Human Being Self Analysis Kit), ISBN: 1-4121-5380-8
Насколько хорошо работают ваши половые органы, тело, эмоциональный центр и ум?

Индийский брак (Indian Marriage), ISBN: 1-4121-5321-2
Как достичь долговременного счастливого супружества?

Индийская философия и религия (Indian Philosophy and Religion), ISBN: 1-4121-5211-9
Индийская философия помогает достичь цели в жизни.

Уроки от животных (Lessons from Animals), ISBN: 978-1-4092-8897-8
Ваша иммунная система серьёзно повреждена. Почему это не происходит у диких животных?

Естественная медицина (Natural Medicine), ISBN : 1-4121-4384-0
Что вам поможет, а что – нет.

Оксфордский университет (Oxford University), ISBN: 978-1-4092-9098-8
В этом мире только швейцарские университеты могут быть хуже. Почему важно это знать.

Люди без одежды (People with no Clothes), ISBN: 1-4121-5365-4
Почему Бангалоре, Индия, является местом, которое существовало 50.000 лет назад.
Сколько у них было детей?
Где сегодня люди без одежды?

Совершенствование своей сферы эмоциональной энергии (Perfecting Your Emotional Energy Sphere), ISBN: 1-4121-5164-3
Вам требуется справиться с корневой причиной, единственной эмоциональной болезнью, которая пагубно действует на вас.

Совершенствование своей сферы энергии любви (Perfecting Your Love Energy Sphere), ISBN: 1-4121-5169-4
Любовь необходимо искать. В эту эпоху она не падает с неба. Она требует и усилий, и времени.

Совершенствование своей сферы умственной энергии (Perfecting Your Mental Energy Sphere), ISBN: 1-4121-5165-1
Совершенный ум поглощает информацию, которая вам нужна, беспристрастно её анализирует и затем принимает решение.

Совершенствование своей сферы физической энергии (Perfecting Your Physical Energy Sphere), ISBN: 1-4121-5167-8
Является ли ваше тело сильным здоровым и находится ли в хорошей форме? Довольны ли вы состоянием своего тела?

Совершенствование своей сферы сексуальной энергии (Perfecting Your Sexual Energy Sphere), ISBN: 1-4121-5163-5
Вам требуется активная половая жизнь со своим супружеским партнёром. Какие шаги необходимо предпринять, чтобы достичь этого?

Поэмы и песни (Poems and Songs), ISBN : 978-1-4092-8831-2
Поэзия – это проза, которая звучит в рифму. Здесь несколько красивых поэм и песен.

Физика (Physics), ISBN: 978-1-4092-9114-5
Абсурд в современной физике. Настоящие законы физики.

Наука (Science), ISBN: 1-4121-5235-6

Shyam Mehta, The Loving Heart Centre, www.lovingheartcentre.net

Новые отрасли науки, предназначенные помочь миру.

Шримад Бхагавад Гита и комментарий (Shrîmad Bhagavad Gîtâ and Commentary), ISBN: 978-1-4092-8758-2
Забудьте о других переводах и комментариях. Этот перевод предназначен для вас.

Духовное и религиозное путешествие (Spiritual and Religious Journey), ISBN: 1-4121-5206-2
Все ваши энергетические сферы должны быть удовлетворены. Необходимо начать со своей сексуальной энергии.

Рассказы для детей (Stories for Children), ISBN: 978-1-4092-8990-6
Занимательные рассказы, которые заставляют забыть о телевизоре, компьютерах и других ужасах современности.

108 голов Господа Патанджали (The 108 Heads of Lord Patanjali), ISBN: 1-4121-5160-0
Пользуясь простой математической логикой, я показываю, что Йога-Сутры представляют собой ловушку для учёных.

Восемь священных писаний Индии (The Eight Sacred Texts of India), ISBN: 1-4121-5162-7
Я показываю, что писания были тщательно продуманы, чтобы впечатлить и воздействовать на персидских правителей Индии.

История Мира (The History of the World), ISBN: 1-4121-5166-X
С самого начала Вселенной для всей её истории присутствует единственная причина.

Психология разума (The Psychology of the Mind) , ISBN: 978-1-4092-9042-1
Господин западный психолог, неужели основа моего разума подобна основе разума Ейнштейна или Сталина? Он не знает. В этой книге я представляю оригинальные идеи о том, как вы можете познать себя.

Западная философия (Western Philosophy), ISBN: 1-4121-5207-0
Я подытоживаю, что это такое.

Что следует знать мужчинам о христианских женщинах (What Men Should Know about Christian Women), ISBN: 1-4121-5450-2
Два типа женщин. Обоим типам женщин требуется любовь. Эта книга рассказывает, как любить женщину одного из этих типов.

Что делать со свиным гриппом и другое (What to do about Swine Flu and Other Matters), ISBN 978-1-4092-9077-3
У меня есть противоядие.

Обнажённая женщина (Women laid bare), ISBN: 978-1-4092-8960-9
Предназначение женщин. Их функциональность. Их композиция(и).

Йога (Yoga), ISBN: 1-4121-5161-9
Упражнения йогой, дыхательные упражнения и медитация несут много вредных эффектов.

Йога: по Айенгару, Часть II (Yoga: The Iyengar Way, Part II), ISBN: 978-1-4092-9089-6
Что такое позы, и когда их нужно принимать.

Вы сами и ваш ум (Your Self and Mind), ISBN: 1-4121-5208-9
Сегодня и сам человек и его ум работают неправильно. Я объясняю как можно помочь себе.

Эти книги можно приобрести у большинства книготорговцев. Книги изданы на английском языке и готовятся к изданию на арабском, бенгальском, китайском, мандаринском, французском, немецком, итальянском, португальском, русском и испанском языках.

Многие из моих картин представлены на моём вэб-сайте:
www.lovingheartcentre.net/MyPaintings.htm

Я написал также много статей для развития понимания экономики и финансов, среди которых:

«Экономика» («Economics»), которая разбивает саму основу всей западной экономической науки и предлагает вместо неё разумную теорию.

«Стоимость акции» («The Value of a Share»), которая объясняет, как можно оценить финансовые или другие средства и показывает, что это нельзя сделать, применяя современная науку о финансах.

«Цена раздраженности» (The Price of Annoyance»), которая объясняет, что происходит в окружающем вас мире.

 «Справедливая стоимость пенсии» («Fair Value of a Pension»), которая показывает, сколько стоит ваша пенсия.

«Цена женщины» («The Price of a Woman»), которая поясняет, сколько им нужно платить за секс и отсутствие ссор.

Предисловие

У истории есть своё предназначение, так же, как у вас и у меня.

Я родом из Индии и, поэтому, Западный читатель может не найти в мыслях, которые я здесь излагаю, то, что он хотел бы увидеть.

В этой книге я описываю назначение истории и делюсь знанием, которое мне послал Бог во время моих медитаций.

Вы можете в Бога верить или не верить, но в результате я получил знание следующего:

- Причину исторического исследования мира.
- Причину вашего существования, которая является той же самой причиной.
- Согласующееся с этой причиной объяснение всех основных событий в развитии мира вплоть до сегодняшних дней и событий в Ираке.

Что это за события?

- Создание Вселенной
- Создание Земли
- Создание жизни
- Создание человеческой жизни
- Создание языка
- Потеря веры в Бога
- Подъём Западных цивилизаций персов, греков, римлян, христиан и американцев.

В этой книге я рассматриваю основные события истории и комментирую их таким образом, чтобы вы, уважаемый читатель, могли вложить в контекст всё, что случилось в прошлом. Она также служит путеводителем в ваше будущее и будущее мира.

Я говорю о персах, греках, римлянах, христианах, буддистах и американцах. Никто не являет собой зло, в мире нет зла. Я нахожу, что все эти характеристические культуры имели свои особые черты, которые у них были стёрты, их лишили человечности, человечности, естественно присущей человеческому бытию. Людей, в большей части, в этом мире по жизни кто-то ведёт. И их вожди откуда-то получают свои идеи. Во всех данных шести культурах ключевая идея формировалась шестью из восьми ведущих философий Индии, которые были выстроены около 5 столетия до н. э. Эти ключевые идеи были движущей силой в действиях вождей вышеназванных культур и, как следствие, их людей.

Культура	Движущий принцип	Основатель	Индийская система философии
Персы	Самонадеянность	Гаутама	Ньяйя (логика)
Греки	Научное обсуждение	Вьяса	Уттара Мимамса (Веданта)
Буддисты	Вы не существуете	Будда	Буддизм (человек, как личность, не существует)
Римляне	Важен только я	Капила	Санкья (я есть Бог)
Христиане	Получать удовольствие – это плохо	Санкара	Адваита (аскетизм)
Американцы	Я хочу больше	Джаймини	Пурва Мимамса (материализм)

Поскольку с точки зрения логической зависимости событий и явлений данная тема с этой стороны никогда не рассматривалась, я провёл её логический анализ. Я иногда шучу и надеюсь, что это не собьёт читателя с пути. Мир слишком печальное место, чтобы в нём не иметь чувства юмора.

В данной книге я не рассматриваю древнюю цивилизацию инков и «краснокожих» индейцев и даже не очень подробно анализирую Индийскую цивилизацию. Они были разрушены португальцами и англичанами, и что там на сегодня сохранилось?

Седьмая философия, которая скоро будет преобладать в мире, взята из йоги. Она основана мудрым Патанджали. На все эти семь философий оказали влияние персы, которые в то время «правили Индией. Самонадеянность и Бог не могут идти бок о бок и, поэтому все семь философий с оттенком самодовольства привели или приведут мир, в конце концов, к упадку.

Но была одна философия в Индии, выстроенная в первом тысячелетии нашей эры, которую не коснулось влияние персов. Это единственная философия, которую я обсуждаю в своей книге «Индийская философия и религия». Она не повлияла на развитие мира. Но она может повлиять на ваше будущее. Эта философия основана мудрым Раманджуа и называется Вишиштадвайта. Она не оторвана от действительности.

Целью изучения истории не есть праздное любопытство. Любопытство погубило кошку. Человека встряхивает осознание уходящего времени – вы стареете и, в то же время, открыты к познанию и читаете, даже если вам не нравится то, что вы читаете.

Историческая наука сегодня – это научные общества и дотации.
* Использование дотаций Американского исторического общества
* Международный центр путешествий и обучения. Возможности работать, учиться и путешествовать заграницей
* Дотации Национального управления архивов и регистрации, и т. п.

(См. Интернет страницы Центрального исторического каталога (WWW-VL HISTORY CENTRAL CATALOGUE) Европейского юниверсити-института в г. Флоренция, Италия)

Греческая цивилизация

«Когда Аргус выполнял свою задачу, ему сопутствовала священная помощь богини Геры, которая заручилась поддержкой своей напарницы-богини Афины. Эта покровительница ремесла укрепила нос корабля древесиной деревьев, срубленных в священной роще Зевса, что в Додоне»

Все, кто интересовался историей Греции, наверняка заметили в греческой «культуре» нечто странное. «Джесон и аргонавты». «Зубы Дракона». «Грохочущие скалы».
Присутствует какое-то противоречие с тем, что сотня греков, благодаря более высокому интеллекту, могла легко нанести поражение 10.000 персидским «варварам», как греки их называли.

Римская цивилизация

«Легион состоял из пехоты (пеших воинов) в тяжёлых доспехах. Высоко дисциплинированная и хорошо вытренированная римская пехота стала силой, наводившей страх. Воины были вооружены двумя метательными пиками, или дротиками, и колющим гладиусом — мечом. Кавалерия находилась в составе вспомогательных частей (войск второй линии) и была организована в подразделения по 500 человек».

Шям Мехта

Shyam Mehta, The Loving Heart Centre, www.lovingheartcentre.net

Центр Любящего Сердца

www.lovingheartcentre.net

5 November 2005

Shyam Mehta, The Loving Heart Centre, www.lovingheartcentre.net

Содержание

Введение

Если вы, как и я, верите в Бога, было бы удивительным, если бы вы не видели смыла в изучении истории.

Смысл есть. Это не случайный набор кровопролитий в несвязанных между собой событиях, как то оценивают историки.

Как хорошо известно из индийской филосифии, мир был создан для божественного развития человека. Одни люди движутся по направлению к Богу, другие – от него.

Вселенная, расположение звёзд, сама Земля были созданы для развития человечества. В мире всё происходит естественным образом, всё требует времени. Когда на Земле образовались пригодные для жизни условия, появилась жизнь. Когда, около 50.000 лет назад, жизнь (животные и птицы) обрела готовность со следующим рождением перерасти в человеческую форму, для чего были уже пригодны человекоподобные обезьяны.

Примерно 3.000 лет тому назад человечество начало собираться в группы и племена и, в конечном счёте, образовывать нации. Люди начали поклоняться человеку, не Богу, и вскоре началась Западная «цивилизация».

Конечно, современные учёные убеждены, что, если бабочки и слоны держатся в стаях и стадах, то и люди в древние времена, будучи в первобытном развитии, тоже держались группами. В естественной жизни, когда мысли обращены к Богу, вам компания не нужна. Вы встречаете женщину, остаётесь с ней, и вы счастливы. Зачем вам нужен рядом ещё кто-то? Я не согласен с гипотезой, что до первого тысячелетия до н. э. люди жили общинами. Так мыслят люди, неспособные позаботиться о себе. Случается, учёный находит колесо и определяет его возраст в 5.000 лет. Отсюда он заключает, что история цивилизаций и варварства насчитывает не меньше 5.000 лет. А ведь всё, что это означает, всего лишь, что дерево, из которого колесо сделано, имеет возраст 5.000 лет. И не значит, что само колесо было сделано 5.000 лет назад. Я утверждаю, что нет доказательств того, что люди стали цивилизованными (т. е. вели неестественный образ жизни) до первого тысячелетия до н. э.

Результатом является сегодняшняя окружающая среда, которая приближается к своему концу. Примерно через 45 лет Земля больше не сможет поддерживать жизнь.

Математика

Сам будучи математиком, я не могу не упомянуть развитие ещё одного чуждого человеку Западного предмета (рождённого в Индии) – математики. Любое число больше «двух» - это «много». В своей книге «108 голов мудрого Патанджали» я говорю о том, что у известного автора книги «Сутры йоги» было 108 голов, когда он работал на персов. Согласно индусской мифологии, это широко известный факт.

Прежде всего следует отметить, что «хинду» (индус) слово персидское. Примерно с 700 года до н. э. у персов была огромная армия, а в их империю входила Индия и большая часть всего остального мира. Я не случайно употребил выражение «большая часть», потому что были две страны – Греция и Индия, которыми персы не управляли. Обратите внимание на то, что, хотя персидские короли на протяжении 2500 лет «правили» Индией, это не означает, что они управляли ею. Они ели, убивали, занимались сексом и тому подобное, но «управление» было им неподвластно. Индийцы умные люди, и делают что они хотят и когда они хотят. Только незначительная часть индийцев действительно делали то, что от них хотели персы и англичане.

Так почему же индийцы изобрели математику и десятичную систему счисления? Если вы «работаете» на персов, вам приходится в той или иной степени делать то, что они вам скажут. Греки ввели новое слово «варвар», которым они называли персов, потому что видели, что происходит с теми, кто вызвал их недовольство. Греки подметили, что словарь персов в своей большей части был созвучен со словами «вар-вар». Как бы там ни было, вернёмся к персам. Они не были добрыми людьми. Но они, также, не были и умными. Есть старый персидский миф (персам нравились мифы, например, о своей вероломности), что мозг и мускулы, спокойное размышление и настрой на ничем неоправданное кровопролитие идут рядом.

И почему индийцы развили шесть философий, которые, будучи лучшими в мире, со временем распространились по всему миру? Хорошо известно, что эти философии основаны на Ведах, ещё одних трудах (их было четыре), созданных индийцами, которые «работали» на персов. В Ведах нет ни одного полезного элемента, который бы эти философии могли в себя воплотить. Это тоже персидский миф, или, даже, скорее миф, созданный для персов индийцами. Для управления своими вождями, священникам Брахмы необходимо было демонстрировать свои магические способности, мощь жертвоприношений и тому подобное. Более подробно недостаток в Ведах полезного содержания я рассматриваю в своей книге «Восемь священных писаний Индии» ("The Eight Sacred Texts of India"). К счастью, с появлением компьютерной сети «Мировой Паутины» (World Wide Web) читатель может в считанные секунды найти перевод Вед и сделать свои выводы.

Итак, индийские мыслители создали математику и философию, полностью осознавая бесполезность этих предметов, создали для того, чтобы доставить удовольствие своим «правителям». Они жаждали власти, а в те дни единственной дорогой к ней было служить иноземным правителям.

Как бы то ни было, вернёмся к числу 100 (или 108, это не имеет значения, ведь все числа, которые больше числа «два», одинаковы, не так ли?) Здесь мы подходим к новому, очень важному закону математики. Я назвал его «математический закон Шяма № 1».

«Степень глупости нации измеряется числами, кратными 100».

Если кому-то из вас настолько не повезло, что в школе он изучал историю, то он вспомнит, что громадная персидская армия состояла из подразделений по сто человек. Сто сотен (т.е. 10.000 человек, *прим. пер.*) было нормой. Но в своих самых больших сражениях с двумя греческими правителями сложили головы почти сто персидских армий по сто сотен человек (т.е. почти миллион, *прим. пер.*). В сражениях персы теряли по сто человек на каждого убитого воина-грека (женщин в те времена не считали). Греческая армия обычно состояла из «сотен» воинов. Если индиец встречал перса, он справлялся один. Армия ему была не нужна. Происходило одно из четырёх событий: либо нетронутым он шёл дальше своей дорогой, либо ему наносились достаточно серьёзные увечья, либо он начинал управлять, либо правили им. И действительно, если вы верите в Бога, то армия вам не нужна. Армия нужна только цивилизованным людям.

И тоже самое происходит сегодня. На каждого американца, убитого в Ираке, приходится 100 погибших местных жителей. Вы, конечно, можете отнести это на счёт лучшего, выражаясь компьютерной терминологией, «железа» (экипировки) американцев – какое хорошее выражение. Это всё предположения. Я не хочу комментировать сравнение умственных возможностей греков и американцев. Но, фактом остаётся, что 2500 лет назад «железо» греков не было совершеннее «железа» персов. У греков было более совершенное «программное обеспечение»: они были умнее. Конечно, греки проиграли римлянам, а те, в свою очередь, уступили христианам. Не стоит верить в миф, что варварство всегда проигрывает.

Персидское варварство было необычным явлением для того времени. В те дни не было Центра мировой торговли. У них не было ненависти к американцам. После захвата Индии они расправлялись с людьми по одному. Человека лишали рук, ног или чего-нибудь ущё. Но для среднего индийца жизнь продолжала идти как обычно. Персы были истощены, истощены не только в смысле недостатка ума, но и в смысле недостатка людских ресурсов тоже. Чтобы победить двух греческих правителей (их имена не имеют значения), им нужна была живая сила. Поэтому они не смогли убить или изувечить «много» индийцев. За 2500 лет своего господства над Индией персы разрушили в основном систему образования. И в то же время, именно из-за недостатка собственного интеллекта, они создали условия для развития искусства, науки и философии, за счёт чего Индия сегодня знаменита достижениями в этих сферах. Возможность позже нанести основной урон стране они оставили англичанам.

Персы не понимали, что, если бы они использовали рабов, то могли бы справиться не только с двумя, а и с двумястами греков. Чтобы использовать рабство, оказались достаточно умными только римляне. И только христиане были достаточно мудры, чтобы воспитать ненависть, и потому победили римлян. Сегодня христианства, конечно, давно нет. Сейчас, если человек говорит: «Я настоящий христианин», - это совсем не то, что имелось ввиду ещё 50 лет назад. Христианин в Англии был удовлетворён тем, что у него было. Он получал блага от империи и был счастлив. Ему не нужно было больше. Сегодня же, если кто-то утверждает, что является христианином, он имеет ввиду что он – американец. Он или она не удовлетворены своей жизнью, хотят новый автомобиль или другой мех на пальто. Поэтому он идёт в церковь молиться Иисусу, чтобы тот послал ему больше. Таким образом, христианство потерпело поражение от следующего великого индийского новшества (известного под формулировкой «я хочу больше» и развитого одним из пяти индийских философов примерно в 6 столетии до н. э.) Это новшество вело к воспитанию безразличия: отсутствию любви. Атомная бомба – это нормально. Чтобы прочно укрепиться в мире, индийским философам понадобилось 2500 лет.

IВы можете спросить, не упустил ли я упомянуть Китай, Японию и некоторые другие страны? Влияние персов, римлян и христиан обошло Китай и Японию, потому что они приняли другую великую философию Индии – идиотизм, известную как буддизм. Я употребил сильное слово. Но не спешите осуждать меня за резкое отношение, а сначала познакомьтесь с философией буддизма. Я приведу только краткую выдержку из высказываний ведущих проповедников буддизма:

«Если бодисатвы занимаются только созерцанием [всего действительного как] иллюзий, они с помощью силы Будды могут изменять и проявлять предметы мира в разного рода действия и выполнять свою чистую и чудесную роль бодисатвы».

Другими словами, вы должны всё рассматривать как несуществующее, иллюзорное. Посредством этого и с помощью некой мистической силы исходящей не только от первоначального индусского властителя, а и от других Будд тоже, созерцая эту иллюзию, вы можете производить действительные, материальные (не иллюзорные) изменения в мире. Вы можете создать телефон или заставить его зазвонить. Индийские философы прикладывали много усилий, показывая бессмыслицу, которую писали Будда и ведущие буддистские философы, и буддизм вскоре более или менее покинул Индию. Я предлагаю читателю уделить несколько минут чтению некоторых буддистских философских работ, представленных на многочисленных взб-страницах, чтобы самому оценить истину моих суждений.

Вы не существуете и, поэтому, смерть не имеет значения. Хотя, конечно, будет неправильно называть эту философию индийской. Нельзя во всём винить Индию. Будда был сыном «Хинду», царя, в переводе с персидского. Он родился в Индии, это правда, но это не значит, что он был индийцем. Население Китая и Японии оказалось достаточно мудрым, чтобы за 2.000 лет до наших дней достичь того, к чему мир пришёл всего 50 лет назад. Они не были против того, чтобы погибнуть. Индийцы были. Я говорю в прошедшем времени, потому что так было примерно до 1950 года.

Итак, подводя итог вышесказанному, решающее влияние на развитие, мышление и разрушение Западной цивилизации оказали варварство, упадок, рабовладение, ненависть и, затем, Америка. С каждым из этих этапов величина наносимого ущерба увеличивалась в стократном размере.

Ещё вчера вы должны были бы видеть, что почти все мы американцы. Не существует больше ни китайцев, ни индийцев, ни греков, ни персов, ни даже англичан. Я не говорю, что англичане уже не считают себя империей. Просто факты говорят о другом: большинство из нас поклоняется американской культуре: желать большего – это хорошо. Я не случайно сказал «вчера». Великие английские мыслители больше не считают, что всё, что делают американцы – правильно. Мы находимся в поворотной точке. Люди начинают понимать, что американская «культура» (если здесь нет противоречия в выражении) несёт в себе элементы самоуничтожения. Земля пока лишилась только 25 % озонового слоя благодаря тому, что не каждый может иметь автомобиль, это были бы все 250 % в противном случае. Умные лазерные бомбы не самое великое изобретение после хлеборезки. В поисках выхода люди смотрят на Индию, обращаются к ней в шестой раз.

Все из рассматриваемых великих культур (персы, греки, римляне, христиане, американцы), уничтоженные к настоящему времени, по очереди перенимали ключевое зерно каждой из пяти великих классических философий Индии.

Шестой стала йога мудрого Патанджали.

Глава 1: Что представляет собой история мира на самом деле?

Один человек утверждает одно. другой – другое. Сродни спору двух философов. И всё – только теории и ни какого окончательного заключения, только противоположные окончательные заключения

Итак, каковы факты?

У астрономов постоянно ширится набор теоретических предположений об «отрицательных частицах», о «23-х мерном гиперпространстве», «Большом взрыве», в противоположность «Устойчивому состоянию», о том, что произошло, как они предполагают 10 миллиардов лет назад. Эти теории, пока скорее догадки, а не что-то определённое, подкрепляются довольно сложными математическими выкладками.

Факт есть то, что они там не были и не могут знать, что происходило. Они могут проходить это только в мыслях. Давайте мыслить здраво. Что могут сказать математические уравнения сегодня о том, что случилось в истории 10 миллиардов лет назад в месте, удалённом от нашего сегодняшнего местонахождения на астрономическое расстояние? Это абсурд. Такова сегодняшняя астрофизика.

Факты таковы:

* Вселенная существовала не всегда. Бог существовал всегда.
* В какой-то момент Он решил создать Вселенную, которую мы сейчас наблюдаем. Но целью Его решения было не это. Он решил создать человечество, чтобы Ему было куда направить свою любовь.
* После того, как Бог принял такое решение, всё остальное происходило естественным образом. Это заложено в сущности самого Бога – что Он желает, то происходит.
* Сначала появилось воплощённое выражение Божественной формы. Что я подразумеваю под «воплощённой формой»? Это мир, который мы наблюдаем вокруг себя. В действительности, всё, что есть – есть Бог. В Индии это называют «телом» Бога. У Него есть душа (которая присутствует везде) и тело. Вы и я представляем собой частички тела Бога. Природу Бога и мира я рассматриваю в своей книге «Индийская философия и религия». В ней я описываю и подытоживаю сущность единственной истинно индийской философии, которая не была написана для персидских королей.
* Это произошло около 4.000 миллионов лет назад. Был ли это Большой взрыв? Нет. Большой взрыв не имеет ничего общего с природой и Богом. Его воплощённая форма появилась везде, везде и одновременно.
* Что значит «везде»? Его воплощённая форма не охватывает протяжённость Бога, которая бесконечна. Она появилась во Вселенной, которую мы знаем, но не за её пределами. В мире нет ничего излишнего, и в появлении формы дальше, чем это произошло, не было необходимости.
* Итак, почему же физики утверждают, что Вселенная расширяется? Она не расширяется. То, что астрофизики заметили, например, что спектр свечения дальних звёзд в среднем отличается от спектра ближних звёзд (так называемый феномен красного смещения), не означает, что идёт расширение.
* Расширение Вселенной есть их собственное предположение, которое и ведёт их к заключению, что Вселенная расширяется.

- У дальних звёзд другая яркость и другие распределения величины. Измерить их величину астрономы не могут и, поэтому, делают допущение, что распределение для ближних и дальних звёзд одинаково. Оно не одинаково.
- Возникает вопрос, если вы верите в Бога, зачем Он создал так много вроде бы ненужных элементов – звёзд? Какая функция на них могла быть возложена?
- Когда Бог пожелал создать Вселенную, Ему не нужно было создавать ничего нового. Он реорганизовал пустоту, то, что современные физики называют положительной и отрицательной энергией. Количество дополнительной энергии равнялось нулю, дополнительно энергия не создавалась. Энергия, которую называют «потенциальной энергией» Вселенной, огромна и отрицательна. Этой отрицательной соответствует огромная положительная кинетическая энергия преимущественно в форме далёких звёзд. Они должны находиться далеко, чтобы на Земле могла существовать жизнь. Звёзды, как и всё остальное, тоже служат определённому назначению: они дают свет ночному небу и несут ему красоту, которой вы и я любуемся (пока человек не загрязнит атмосферу).

Глава 2: Создание Земли

Земля была создана специально для развития человечества. Чтобы окружающая человека обстановка полностью подходила для такого развития, требовалось строго определённая комбинация расположения близлежащих звёзд и планет, и строго определённый процесс созидания.

Простая скученность материи под действием гравитации постепенно наращивалась и со временем становилась всё больше. При этом не было значительных столкновений и тому подобному. В божественных делах не бывает столкновений.

Уточнять время, когда Земля была создана, не имеет смысла, так как её составляющие появились одновременно со Вселенной. Она не появилась мгновенно. Поэтому её возраст больше, чем считают астрономы. Это развитие было постепенным.

Сформированная Вселенная состояла из положительной кинетической энергии в форме сгустков материи, заключённой в громадные пространства отрицательной потенциальной энергии. Каждому физику известно, что материя есть не что иное, как энергия. Приняв во внимание, что сохранение энергии является физическим законом, с которым согласится каждый физик, ни один физик не будет отрицать, что нечто подобное и должно было произойти. За счёт гравитационного притяжения сгустки материи увеличивались, и, по мере слияния их энергии в единую массу, нарастала кинетическая энергия (тепло). С течением времени Земля разогревалась. Она не разогрелась до уровня солнца, потому что, в противном случае, мы бы не существовали.

Своих размеров примерно равных сегодняшним Земля достигла около 1.000 миллионов лет назад.

Глава 3: Жизнь на Земле

Сначала следует определить, что мы подразумеваем под жизнью. Это организм, который ведёт половую жизнь. Здесь я не буду комментировать жизнь и другие особенности отдельных монахов. Под организмом я имею ввиду организм, а не организацию. Ученые воображают, что молекулярные соединения развились в жизнь сами по себе. Мало чего общего с непорочным зачатием девы, понятие которого я дам ниже.

Атмосфера Земли насыщена жизненной силой - праной, как её называют в Индии. Она не присутствует больше нигде. Её нет в земле и её нет выше 1 км над землёй. Прана существовала не всегда. Прана появилась когда созрели условия на Земле, около 1.000 миллионов лет тому назад. Жизнь началась, когда Земля достигла такого размера, чтобы её гравитационное притяжение стало оптимальным для жизни. Это не было очередным «совпадением», которые так любят придумывать астрофизики.

Присутствие праны стало предпосылкой для появления жизни. Без праны священная энергия Бога не вливается в живущий организм. С появлением праны, разнообразные скопления молекул на поверхности Земли наполнились жизненной силой. Прана, в свою очередь, под руководством божественной энергии концентрировалась в различных чакрах (энергетических центрах, которые управляют человеком) живых существ. Живые существа вели половую жизнь, которая давала им свежий толчок в их развитии, приближающем к Богу.

Пройдя одну форму жизни, получивший достаточную половую (сексуальную) стимуляцию организм после смерти эволюционирует и принимает другую форму. Одни организмы находятся в условиях, где половые совокупления происходят часто, другие – нет, и темп развития разнится от особи к особи.

Следующий этап развития наступил, когда часть живых существ прошла достаточное количество предыдущих жизней, такое, что дальнейший подобный процесс пользы не нёс. Происходила дальнейшая концентрация энергии праны в чакрах, и, когда организмы в очередной жизни воплотились в виде животных и птиц, появилась эмоциональная энергия. Это произошло примерно 100 миллионов лет назад.

Глава 4: Человеческая форма жизни

С продолжением развития чакр, около 50.000 назад в различных видах животных и птиц зародились первые поля энергии любви. Со следующим своим рождением эти животные и птицы становились человеческими существами. **Человеческое существо – это живое существо, которое способно дарить любовь.** Было бы, конечно, иллюзией утверждать, что сегодня на земле 4.000.000.000 человеческих существ. То, что вы читаете в газетах и материалах таких учреждений как «Организация объединённых наций», есть глупость. Фантазия есть фантазия, одни люди любят читать выдумки, другие предпочитают факты.

Вместе с развитием отдельных организмов, которое показано выше, происходит также развитие видов. В видах происходят незначительные изменения, достаточные для того, чтобы, если к следующему рождению особи ей требовался бы определённый тип тела, то он был бы для неё готов. Чтобы существовали её мать и отец. Человек, будучи высшим из всех видов, не претерпевает эволюции (в понимании эволюции в другие виды живых организмов, эволюция же на индивидуальном уровне продолжается для одних и не продолжается для других особей). Первый человек, около 50.000 лет назад имел такие же умственные способности, что и современный человек, у него были такие же поля сексуальной, эмоциональной и любовной энергии.

Поля духовной энергии, в отношении осознания своей души, по сравнению с сегодняшними были недоразвиты. Зато, их поля энергии божественного присутствия были здоровыми, не было никакого нарушения этики (под названием «яма» в философии йоги).

Недостаток осознания своей души («душа» ещё одно название своего «я», или духа), вместе с умственными возможностями дали человечеству талантливость и своекорыстие, которые, в свою очередь, привели к тому, что человек стал нарушать принципы этики. С течением времени эта тенденция нарастала.

Современные ученые, конечно, будут вас убеждать, что появление их самих (учёных) было чистой случайностью в результате беспорядочного движения молекул на протяжении длительного периода.

Итак, на протяжении этих 50.000 лет у человека возрастало осознание своей души, но также росло и пренебрежение этическими принципами. Поэтому, иногда люди отстаивают бессмыслицу, даже понимая, что говорят неправду. Рост осознания своего «я», или души, естественно ведёт к усилению гордости и эгоизма — большей заботы о себе, чем о других.

Мир сегодня стоит на пороге отвержения американской культуры («Я хочу больше») и принятия атеистической культуры «йога»: самовлюблённого интереса к самому себе.

Язык

Я уверен, что вначале всем народам Земли был дан один язык. Его название не имеет значения. Его можно было бы назвать, скажем, «Эскимо».

С течением времени словари народов разных частей Земли потеряли слова, которые не использовались у них в обиходе. Поэтому, сейчас тяжело доказать общее происхождение всех языков, можно проследить только сходство большинства из них. Ниже я обсуждаю эту тему и привожу другие причины, почему 11 языковых групп образовались именно так, а не иначе. Действительно, вопрос, с которого стоило бы начать – это зачем бы Бог давал человечеству 11 языков, если вполне достаточно одного? Любая научная разработка начинается, прежде всего, с логического вопроса и заключается, затем, в поиске ответов на этот вопрос. Это как раз то, что я проделал. Если вы начнёте с конца, то любой хороший учёный скажет, что вам разумных результатов не достичь. По этой самой причине современные исследователи-лингвисты не могут прийти разумным выводам.

Для того, чтобы происходило мышление, человечеству необходим язык, на котором можно мыслить. Язык нам нужен также для общения. Животные и птицы могут мычать и щебетать, но они не мыслят и не разговаривают. Идея о том, что животные говорят между собой, есть миф (более подробную информацию по этому поводу вы найдёте у доктора Дулитл (Dr. Doolittle)).

Итак, примерно 50.000 лет назад Бог дал миру язык. Удивительно, но если вы присмотритесь, то найдёте следы этого языка во всех сегодняшних языках мира. В своей книге «108 голов мудрого Патанджали» я прослеживаю развитие английского языка из первоначального языка санскрит.

Вот, что говорят о происхождении языка учёные:
1 «Действительно, – говорит он, - у цыплят есть, что рассказать интересного, но у них нет возможности это высказать». То же самое происходит и с обезьянами, шимпанзе и дельфинами». (Марк Хаузер, профессор психологии Гарвардского университета)
2 «У языка и психозов, наподобие шизофрении, общее эволюционное начало; и то и другое произошло от неожиданного генетического изменения, произошедшего более 150.000 лет назад. Наиболее вероятно, что изменение произошло у одной мужской особи, что сделало её более привлекательной для женских особей. Изменение удержалось благодаря сексуальному (половому) отбору». (Профессор Тим Кроу, Оксфордский университет)

Учёные единодушно согласны об общем происхождении языков английского, немецкого, шведского, валлийского, гаэльского, французского, португальского, итальянского, польского, русского, литовского, албанского, греческого, фарси и хинди.

Остальные языки народов мира они объединяют ещё в десять семей: арабскую, финскую, баскскую, тюркскую, малайскую, зулусскую, мандарин, каннада, вьетнамскую и чероки.

Последующие, более глубокие исследования покажут им, что все языки имеют один единственный корень.

Если состояние человеческого общества будет ухудшаться, то это будет быстро. не смотря на то, что все люди по всему миру начали с языка санскрит, или эскимо, это имело место только для первых людей. По мере своего развития, с появлением их детей, они переходили на общение меньшим словарным запасом, чем предлагал полный словарь. На это налагало свой отпечаток также направление их деятельности. Однако, за тысячелетия изменения произошли не большие, вплоть до первого тысячелетия до н. э. Любой европеец мог бы свободно общаться с жителем Америки, если бы они путешествовали (но были достаточно разумными для понимания, что это было бы пустой тратой времени).

В некоторых странах создались неблагоприятные условия жизни, У людей не было ни возможности, ни желания думать о философии. Им приходилось думать о выживании. Они забыли почти все слова санскрита. Недостаток общения является главной причиной обеднения языка. Много известных йогов провели свою жизнь в безмолвии. По прошествии нескольких лет, совсем не многих лет, такие люди не могут думать и не способны говорить. Если бы они находились в не совсем полном молчании, а, например, напевали бы слова «хари-харе», то по окончании своего обета молчания они способны были бы говорить. Правда, их словарный запас был бы довольно ограничен. Например, словами «хари-харе». А ведь это всё в благоприятной обстановке полного безмолвия.

Как бы там ни было, вернёмся к человеческим общинам, где культура была похожей на английскую в 5 веке до н. э. Ехать в Англию никто не хотел, за исключением римлян. Такие общины были изолированы. Мир не был населён в такой степени, как сегодня. С такими общинами никто не разговаривал. Люди быстро привыкали пользоваться только базовым словарём, если вообще им пользовались. Чтобы выразить боль или голод, стон подойдёт с таким же успехом, как и слово «да». Например американцы сегодня редко говорят «йес» («да», прим. пер.) и опустились до «йа» или «юп». В следующем году это может стать «ап» или «еа». И это всё только за каких-то несколько десятилетий. А через пять лет все люди, а нетолько женщины, дети или мужчины, могут вообще отказаться даже от «ап» и просто игнорировать вопрос или пожимать плечами. Тенденция к этому присутствует уже.

В некоторых случаях, причиной кажущегося отсутствия признаков общего происхождения языков, служит различие интересов людей. Например, сегодня тяжело бывает понять, что говорит какой-нибудь философ, а ведь он казалось бы изъясняется на вашем языке. У него другой словарь, который он перенял от своего учителя. Когда вы произносите «да», вы естественно полагаете, что он понимает вас, потому как он «говорит» по-английски. На самом же деле, это слово несёт для него сразу несколько значений: и «да», и «нет», и что-нибудь ещё между ними.

То же самое мы имеем и с интеллектуальными людьми. Например, у людей, которые общаются на языке каннада (южная Индия) в прошлые времена были интересы, отличные от тех, кто говорил на санскрите. Хотя язык людей южной Индии и берёт своё начало от санскрита, людей этих не интересовал философская академическая полемика, зато их занимала религиозная деятельность. Важное дело в жизни. Тогда как население другой части Индии имело более философские наклонности (например, правящие персы). Слова, которыми пользовались на юге Индии, стали отличаться от слов, находящихся в обиходе на остальной её территории. Различие в интересах на протяжении 2.500 лет означает образование абсолютно разных словарей и абсолютно другое развитие произношения. Ваш голос звучит по-разному, когда вы напеваете лёжа в ванной, когда к вам приближается тигр, или когда вы читаете лекцию о важной несуразице своим иностранным завоевателям. Следует, также, обратить внимание, что 2.500 лет назад ещё не был изобретён автомобиль. Люди жили в основном изолировано. Как замечено выше, ни один философ ни на один вопрос не ответит «да». Он скажет «нет». А вот в южной Индии на любой вопрос обычно отвечают «да». Я не очень знаю язык каннада, но убеждён, что, если современные лингвисты сейчас заглянут в элементы общего происхождения языков каннада и санскрит, им придётся прибегнуть к здравому смыслу. Они столкнутся, например, с тем, что слово «да» в одном языке легко может нести смысл «нет» в другом. У них осталось в запасе 45 лет, чтобы проанализировать и убедиться в моей правоте. Принимая во внимание их достижения на сегодняшний день, есть основания полагать, что они не поймут ничего, кроме того, что сейчас существует много языков.

Глава 5: Кали-Юг

В индийской философии доказывается, что мы живём в век Кали-Юг, а этому периоду предшествовали три или более веков существования мира. Это убеждение опирается на то, что сотни гуру и учёных, вычитали в Ведах. Честь и хвала им за то, что умеют читать. Но факт то, что они ничего не знают. Как я успешно доказал в своих других работах, Веды являют собой бессмысленные записки многочисленных проповедников Брахмы, сделанные ими, дабы поддержать шаткую значимость своего существования. Пред обличьем правителя Моголов и вы бы наверно изрекали первое, что приходило бы в голову.

Драматических широких континентальных катастроф в мире не происходило, кроме трагедий следующих стран и континентов:

Африка
Северная Америка
Южная Америка
Европа
Россия
Китай
Индия
Австралия

Трагедии, которые я здесь имел в виду, конечно соответственно следующие:
СПИД
Джордж Буш
Португальцы
Римский договор
Горбачёв
Красная книжечка («великого» Мао)
Ганди
Британия.

Были, конечно, и другие трагедии более мелкого масштаба, здесь я перечислил только наиболее значимые.

Другая сторона, которую я рассматриваю, - это то, что не происходило событий материкового масштаба, которые изгнали бы человека. Зачем бы Бог трудился, создавая различные материки и благоприятную обстановку, чтобы затем всё стереть? Данный момент мы ещё рассмотрим позже в этой книге.

Кали-Юг наступал постепенно. Около 3.000 лет назад люди начали прекращать следовать за Богом и, вместо этого, стали организовываться в племена и группы с вождями. Эти вожди для укрепления власти и оправдания своей ведущей роли коверкали язык (в результате мы имеем сегодня примерно 6.000 языков вместо одного первоначального) и приписывали себе право на образование и знания. Вы не можете читать Библию, если не владеете латинским языком. Или же Веды могли читать только Брахманы и т. д..

Если вы следуете за вождём, то ваши собственные умственные способности естественно ослабевают за ненадобностью. Вожди отбирали группы людей и подавали пример поведения: своекорыстие. Постепенно устанавливалась «цивилизация». Люди преследовали свои собственные интересы и воспитывали вежливость. Усердно занимались ремеслом и торговлей.

Постепенно, по мере того как эгоизм утверждался, люди теряли интерес к тому, что они уже имели, и хотели большего. Самый короткий путь к этому – убивать других. С этого времени начинается Западная цивилизация. С течением времени эксплуатировалось всё больше и больше земель, один захват шёл за другим. Когда, не смотря на это, люди всё ещё были не удовлетворены тем, что имели, произошла «промышленная революция». Руководители решили, что местное население можно эксплуатировать ещё сильнее, чем они это делали прежде.

Уважение к окружающей среде пропало. Когда вы целый день находитесь в наполненной дымом фабрике, вас меньше всего беспокоит, что ваш хозяин причиняет природе. Кашляющий и уставший вы идёте домой.

Руководители Западных народов ходили в странные школы, в которых они учили бессмыслицу. Состояние их умов нарушалось. Они придумали игры в войну, так же как мы с вами в детстве играли в слова или в шахматы. Дети, как всем известно, глупы.

Страны становились всё крупнее и крупнее и со своей промышленной мощью давали обширные возможности получать прибыль. Путями к повышению прибыли были ещё большая индустриализация, помощь учёных, машины, заменяющие ручной труд. Побуждение прибылью верховодило, какое бы пагубное воздействие не оказывалось на жизнь людей и окружающую среду.

Машины, которые заменяли ручной труд, применялись всё более и более широко, большая часть населения освобождалась, становилась менее занятой. Хотя обстановка конкуренции и сохранялась, у людей в распоряжении появилось свободное время. Родилась культура хиппи. По мере того, как людям всё меньше требовалось думать о заработке, их умственные способности снижались. Преступность, сдерживаемая только силами полиции, стала нормой жизни.

Вы можете возразить, ведь преступность существовала и XIX веке тоже. Тогда преступность была другой. Людям нечего было есть, чтобы выжить.

Подытоживая сказанное, сегодня мы имеем:
* Отсутствие страха разгневать Бога
* Тающие полярные ледяные шапки
* Большая дыра в озоновом слое
* Загрязнённые океаны и суша
* Погубленные леса
* Сильные изменения в погоде
* Разрушение основ брачного союза
* Дети, воспитанные чужими людьми без родительской любви
* Загрязнённые и небезопасные для употребления человеком пищевые продукты
* Постоянно уменьшающаяся жизнеспособность населения

Я мог бы продолжать, но этого достаточно, чтобы вы либо согласились со мной, либо – нет. 1.000 миллионов индийцев и китайцев хотят иметь автомобиль. Разрушение мира идёт нарастающими темпами.

Глава 6: Где на Земле началась жизнь?

А ведь в самом деле важно знать, где начались половые отношения, где начался секс.

У каждого из вас своё отношение к тому.

Если вы, как и я, англичанин, у каждого из вас будет своё собственное понимание того, что там ночью произошло в прошлую субботу,. А для других произошло вот что.

Условия, создававшиеся на протяжении 1.000 миллионов лет, не давали возможности одинаковых темпов развития индивидуумов.

Если вы родились, к примеру, на одной из полярных ледяных шапок, возможности для развития у вас будут ограничены.

Одни районы Земли более благоприятны для божественного развития, чем другие.

Какие же природные условия наиболее благоприятны для божественного развития, для созидания, для создания движущей силы воспроизведения особей?
- Климат не очень жаркий и не очень холодный
- Обильная травяная растительность (чтобы могли пастись коровы, и у вас было молоко – идеальная пища для вашего развития)
- Хорошее снабжение водой в виде дождей, чтобы трава могла расти.

Материками, на которых эти три условия отсутствовали 50.000 лет назад, были:
- Россия (слишком далека от экватора, зимой слишком холодно)
- Африка (близко к экватору, слишком жарко).

Это заключение, конечно, диаметрально противоположно теории эволюции определённых форм жизни на основе беспорядочного движения молекул.

Под названием Россия я, конечно, имел ввиду и Канаду, и другие холодные страны. Надеюсь россияне не будут против. С течением времени климатические условия изменились, и сегодня, как известно, в Индии тоже слишком жарко, чтобы чувствовать себя комфортно.

Ещё в первые годы своего существования интеллектуальные живые существа заметили, что им дано своё природное молоко, быстро научились и приспособились брать необходимое от природы, когда возможность получать молоко от природной матери пропадала.

Они нашли хороший или лучший заменитель: коровье молоко.

Разумная форма жизни, конечно, понимает, что в наши дни тело матери даже больше загрязнено, чем «молоко» или «кока-кола», которое мать покупает в магазине и даёт ребёнку в качестве заменителя молока. Этот недостаток производства молока, пригодного для детей, есть результат снижения уровня этических принципов у людей в недавнем прошлом.

Такая нехватка одной из этих двух составляющих, которые нужны ребёнку для его духовного развития, сигнализирует о приближении конца существования человечества. Необходимо упомянуть два других момента:
- Снижение этических стандартов происходило не постепенно на протяжении 50.000 лет. Оно произошло в один момент, с приходом Христианства.

- В моих медитациях мне было поведано, что, начиная с 2002, года люди перестанут после смерти воплощаться в новые жизни, и жизнь на Земле прекратится до 2050 года.

В наши дни каждому нужно быть очень внимательным к тому, что он принимает в пищу. Найти незагрязнённые пищевые продукты не возможно. Нельзя, также, найти чистую природную воду, а есть только переработанные сливные воды. Я считаю, лучшим из плохих выборов будет только пить молоко и молочные продукты и вообще ничего не есть. Воздух, которым вы дышите загрязнён. Само пространство, в котором вы находитесь, загрязнено радиоволнами телеприёмников и мобильных телефонов, даже если вы находитесь за многие километры от города.

Многие люди принимают Западные лекарства и серьёзно повредили свою нервную систему, хотя ещё и не известно в какой именно части.

При таком количестве напряжения, стресса в мире ваша иммунная система гораздо слабее, чем она была у ваших родителей.

Одновременно с этим, болезни становятся на много серьёзнее. Азиатский грипп гораздо сильнее любого гриппа появлявшегося до него.

От воздействий современной окружающей обстановки некуда спрятаться. Как жизнь одновременно началась на всей планете, так точно она и закончится.

Глава 7: Снижение стандартов этики

Духовное развитие и недостаточный уровень этики – это две диаметральные противоположности. Обстановка на Земле сейчас слишком неблагоприятна для существования человечества.

Но всё обстоит гораздо серьёзнее. Предназначение жизни, создания Божьего, к настоящему времени выполнено.

На протяжении 50.000 лет у вас и меня была обстановка, которая благоприятствовала нашему индивидуальному духовному развитию. Сколько нам ещё нужно воспитывать любовь к Богу?

Ответом будет – нисколько. Если это не удалось на протяжении 50.000 лет, то по всей вероятности не произойдёт и за следующие 1.000 лет.

Духовное развитие произошло в тех людях, в ком Бог хотел, чтобы оно произошло, и это не случилось в других. Назначение жизни выполнено. Нет смысла воспитывать ребёнка, если знаете, что не получит того, что ему требуется для его духовного развития – природного молока.

Богу не нужно, чтобы Его любили миллиарды людей. Природа любви такова, что вы будете счастливы, даже если один человек будет питать к вам любовь. Исключением из этого правила являются только политики, кинозвёзды и т. п.

Возникает вопрос: почему в начале нашей эры, с закатом персидской «цивилизации», этические стандарты резко спикировали вниз?

Глава 8: Развитие Западной цивилизации

Вопреки здравому смыслу, Рим был построен в один день. Или, точнее, Западные люди хотели, чтобы так онобыло.

С уходом периода упадка и падения бесполезной греческой «цивилизации», им на смену пришла ещё более упадническая и насильственная культура – римская.

Вполне естественно было, что недостаток этики, взращенный в упадничестве древней Греции, прогрессировал. Чтобы понять, насколько плохой была греческая «цивилизация», нужно прочитать мою книгу «Западная философия» и мой доклад о деятельности Ксенофона по материалам сохранившихся древнегреческих писаний.

Бог хотел, чтобы это было именно так. Значит это естественно. Никто не может сказать «почему» - это не имеет смысла. Может быть в греках есть что-нибудь врождённое? Нет. Это просто исторический факт.

Что же было такое, что вызвало упадок прежде идеально нормальной страны? А было это присутствие таких плохих философов как Сократ и Платон. Общество в своём развитии всегда направляется в хорошую или в плохую сторону людьми, находящимися наверху, руководителями общества.

Так вот, в своей книге я показываю, что неправ был в действительности Платон, не Сократ. Я отмечаю, что исследования современных историков дали доказательства того, что Сократ не написал ни одной философской или какой-либо другой работы. И больше того, у него не было достаточно интеллектуальных способностей, чтобы руководить каким бы то ни было обществом, разве что таким, которое в субботний вечер собирается на выпивку.

Платон развивался на идеях, которые он вычитал в индийской философии, на идеях об отсутствии Бога. Из шести «православных» школ индийской философии пять не верят в Бога.

Люди верили в Бога во все времена, предшествующие Платону (47.000 лет). По всему миру. Как я раньше уже сказал, люди за 1.000 лет до н. э. перестали идти за Богом и, вместо этого, начали поклоняться людям.

Около 5 столетия до н. э. Индии пошла по такому пути, который оказал драматическое влияние на историю всего мира. Группа мудрых учёных (я знаю, что здесь есть противоречие, но смиритесь с этим, пожалуйста) разработали ряд атеистических философий. Не играет роли кто именно что написал, кто именно в чём виновен и т. п. Эта книга не охота на ведьм. И тем не менее, основными виновниками были:
- Гаутама Риши (Gautama Rishi), основатель школы «логики» Няйя
- Шанкара (Sankara), основоположник Адвайты
- Будда, основатель буддизма
- Капила Муни (Kapila Muni), основоположник философии Самкья
- Джамини, основатель Пурва Мимамсы
- Вьяса, автор книги «Сутры Брахмы».

По очевидным причинам я не включил «Патанджали» - седьмого величайшего философа всех времён. Патанджали изобрёл то, что называется йогой.

Эти великие риши («риша» - в санскрите означает «священное существо») изменили образ мышления людей в Персии. Вместо поклонения Богу, как делали люди по всему миру, они стали поклоняться брахманам (брахману Гаутама и другим, которые останутся безымянными). Брахманами были индийские священнослужители, которые служили персам.

Более детальное описание этих никчемных философий (которые по понятным причинам я не упоминаю в своей объёмной книге «Индийская философия и религия») можно прочитать в моей книге «Западная философия». Или, скорее, в трёх параграфах, в которых я рассматриваю философию индуизма ("Hindu"), т. е. религии, принятой в конечном итоге большинством персов в Индии).

Если не верить в Бога, отсутствует рациональное зерно для морали или этичного поведения. Нет человека, который накажет за неверное деяние. Нельзя рассчитывать, что английская полиция схватит вас.

Этот академический квинтет вызвал в мире хаос. Люди стали атеистами и, в конце концов, даже буддистами. Моральные устои очень сильно упали. Вместо того, чтобы пить молоко, они хотели пива и готовы были плыть за моря, чтобы получить его.

Греки, будучи практичными, хотели получить что-нибудь взамен, и индийцы отдали им одну из пяти философий. Она пришла к грекам в форме двух взаимосвязанных принципов, которыми вооружился Платон.

Греки, будучи практичными, хотели получить что-нибудь взамен, и индийцы дали им одну из философий. Она пришла к грекам в форме двух связанных между собой принципов, которые Платон взял на вооружение:

• Праздная болтовня о том, что Бога нет
• Глупое убеждение, что жизнь дана в основном для удовольствия.

Сократ стал только симптомом тяжёлой болезни, с которым и началась Западная цивилизация.

Греки, естественно, скоро проиграли Риму. Римляне, не задумываясь, вооружали свои колесницы, чтобы обеспечить себе владычество над миром, чтобы можно было пьянствовать и греться в сауне. Рабство, приручение львов и т. п. стало обычным явлением.

Такая же судьба ждала бы и Индию, если бы не одинокие усилия мудрого Рамануджи (восьмого и последнего философа в мире, который, также, стал вторым величайшим философом за всю историю человечества). Он доказал вне всяких сомнений, что Бог существует, и люди ему поверили. Буддисты были выкорчеваны, если не везде, то в Индии точно. Люди снова стали верить в Бога и цель человеческой жизни продолжила своё существование (на какое-то время, см. ниже).

С установлением Римской империи будущее мира выглядело достаточно безрадостно. Что-то похожее на «Звёздные войны» без светлых сил. Пьяные и жаждущие большего Римляне были нацелены на завоевание мира, а о возможности духовного развития не было и речи. Такова римская цивилизация.

Но тут появился Иисус. Он пострадал за это, но ему удалось продлить разложение Запада. У людей снова появилась возможность верить в Бога. Пока в мире было хоть немного христиан, которые верили в Бога, Ему было незачем помогать римлянам рушить мир. Людям нужна была обстановка, в которой их духовное развитие могло бы процветать.

Давайте на момент остановимся не на магометанстве, а на христианстве.

Христиане молятся в основном не Богу, а Иисусу или деве Марии или ещё какому-нибудь другому «святому». В христианстве святым определяют человека, который смог одурачить людей, убедив их в том, что он или она может творить чудеса. Но ведь Иисус создал обстановку, в которой люди, если бы пожелали, могли бы молиться Богу. Печально то, что никто этого не делал, и христиане на протяжении веков верили не в Бога, а в Иисуса. Этот эксперимент Иисуса Христа не удался, с христианской точки зрения.

Но на более глубоком уровне христианство не потерпело неудачу. Христиане не только привели в действие силы, разрушающие весь мир, они, в то же самое время, запустили духовный, религиозный процесс.

Это всё имеет отношение к сексу, к жизни полов. Библия описывает двух невинных людей, получающих наслаждение (Адама и Еву). Для христиан это нечто действительно плохое. Но, что важнее, когда одни люди получают наслаждение, и нет Бога, который мог бы их покарать, а английскую полицию ещё не изобрели, то другие люди им завидуют. Поэтому, ряд рассказчиков написали набор до-христианских глав в Библию, объясняющих, что согрешить (иметь секс, вступить в половые отношения) – это плохо. Или, скорее, они даже не делали этого, а просто пропагандировали Библию. Они писали главы, а затем выставляли всё так, будто это сделали не они. Их задача была почти выполнена, свою роль в духовном развитии мира они сыграли. За исключением одного. Они придумали понятие «непорочного зачатия». Материнство само по себе суть нечто плохое. Естественно, эти замечательные идеи принадлежали не им. Индию вы тоже не можете винить ни за одну из них. Насколько мне известно, ни один философ в Индии не верил и не пропагандировал идею непорочного зачатия. Это было абсолютно Господне деяние.

В результате того, что в христианских женщинах жило понимание своего тела как носителя зла, в христианских мужчинах массово поселилась неудовлетворённость. Они толпами покидали свои дома и убивали, калечили и разрушали древние цивилизации и народы, какие только могли найти. В истории вы не найдёте этих трагедий, потому что убитые люди о себе писать не могут. Поэтому, страны, которые пострадали от рук миссионеров и английских чиновников, голландцев и т. д. могли бы написать книгу толще, чем у меня хватило бы терпения. Половое влечение наиболее основное и самое естественное у всех живых существ. Эффект от борьбы христиан с этим влечением был огромен. Эта борьба забила чуть ли не последний гвоздь в гроб Западной цивилизации.

Однако, около 5 столетия до н. э. родился Будда. Этот великий человек, будучи холостяком, не желал, чтобы другие наслаждались. И он изобрёл буддизм – поклонение Будде. Повсюду в Индии осуждалось не только материнство, но и сама половая жизнь. Где была кама-сутра, чтобы противодействовать влиянию буддизма? Это одна из загадок всех времён. Индийские мужчины славятся своей мужской силой и тем, что находят удовлетворение дома. У них никогда не возникало желание покидать свои дома и убивать других из-за сексуальной неудовлетворённости. Действительно загадкой остаётся, как им удавалось сохранять удовлетворённость, даже когда десять или более процентов населения стали буддистами? В любом случае, буддист-мужчина, если он достаточно сильно верит в Будду, должен оставаться холостяком и носить женские одежды шафранового (жёлто-оранжевого) цвета. Поскольку у них не было жён, которые бы их поддерживали, они вскоре перекочевали в Японию, Китай и другие страны, где тоже поселили веру в то, что Будда велик и никто в этом мире не существует. Влияние этого персидского владыки было настолько сильно, что японские мужчины и женщины вершили хари-кири (самоубийство) при одной только мысли, что они могут убить «несуществующих» американцев и англичан во второй мировой войне. Они действительно готовы были страдать. Хотя между китайским и японским буддизмом присутствовала большая разница.

В Китае люди знали, что они не существуют или ничего не значат, и поступали соответственно. В Японии же люди гордились осознанием своей незначимости в мире. А отсюда – бравада, напускная храбрость.

В некоторых странах люди продолжали развиваться своим путём. Они становились буддистами, но, в силу отсутствия интеллектуального содержания в их обществах, они не осознавали, что секс – это плохо. Поэтому, не только в Индии, но и в других странах тоже сейчас много людей: миллиард китайцев, миллионы людей на Филлипинах, Японии, Малайзии и т. д.

Отсутствие веры в Бога на Западе вело к постоянной вражде между евреями, христианами, мусульманами и атеистами. На короткое время в Средние века страдания были настолько сильны, террор настолько ужасен, что какая-то часть людей почти начала верить в Бога. Но такая вера не срабатывала по простой причине, что путь к Богу лежит не из страха, а через умиротворение, покой и любовь. Через ту самую обстановку, которую Он нам дал 50.000 лет назад.

Отсутствие веры в бога на Западе вело к постоянной войне между евреями, христианами, мусульманами и атеистами. В средние века на короткий период страдания стали настолько велики, террор настолько ужасен, что некоторые люди почти начали верить в Бога. Такая вера никогда не работала по простой причине, что Бог достигается не от реакции на страх, а через мир, покой и любовь. Ту самую атмосферу, которую он нам дал 50.000 лет назад

В Индии с Рамануджа поклонение Богу продолжалось до примерно 1950 года. Пришли мусульмане, устроили резню и в большей своей части покинули страну. Пришли англичане, устроили резню и остались.

Примерно с 1950 года Индия тоже поддалась англо-американской «культуре». Люди предпочитают смотреть телевизор, а не ходить в храмы. Возрастает преступность. Строятся офисные кварталы. Макдональдсы существуют, даже не смотря на то, что Шри Кришна учил индийцев, что корова священна.

Всё это временная фаза. Индия, как и всё другое, примерно через 45 лет прекратит существование. Её предназначение будет выполнено.

В течение последних 2500 лет мужчины (большей частью) причиняли громадные страдания мужчинам и женщинам. Почему это происходит, где оно закончится, и есть ли в мире справедливость?

Заслуживали те, кто страдали, того, что с ними происходило? Хорошо, это историческая книга, и мне не нужно комментировать.

Но что происходит с этими англичанами, немцами или камбоджийцами, которые сошли с ума и приносят громадную боль другим.

Почему они сошли с ума? Ясно, что не только от недостатка половой жизни. Это сочетание двух связанных между собой цепочек событий. Недостаток концентрации на Боге ведёт ко всё более высокой концентрации на умственной активности. Естественная жизнь исчезает. Не получив любви и заботы в детстве, эти «человеческие существа» не заботятся о других. Они как вычислительные машины, как роботы. Вторая цепочка – это что их руководители указывают, что им делать, и то же делают люди из высших слоёв общества. И они делают, что им говорят. Не будучи людьми, со своей точки зрения они не делают ничего предосудительного. Спросите нацистского охранника в тюремном лагере, чувствует ли он себя виновным, и он искренне ответит, что нет. Не будучи человеком, нацистский охранник не понимает, что существует человечество.

После смерти вычислительная машина «заново не рождается» в виде человека, потому что в другом месте он, или она, человеком не был. Ребёнком он начал жизнь как человек, но затем предпочёл дать отвод интеллекту. В каждом из нас после смерти, поскольку ум отсутствует, на поверхности находится божественный элемент, и вычислительные машины этого мира всегда помнят события своей жизни. В этом состоянии они страдают до тех пор, пока Бог не решит их уничтожить. Точная последовательность торжества справедливости изложена в «Индийской философии» под заголовками «Реинкарнация» и «Закон кармы». Я описываю эту теорию в своей книге «Ваши сущность и ум».

Те из ваших предков, которые сохранили человечность, были рождены заново как люди, и им были даны новые возможности продвижения к Богу.

А что можно сказать о настоящем поколении? К нему относится всё то же самое, кроме того, что, начиная с 2002 года, больше не существует возможности быть рождённым заново для эволюции, в противопоставление переживанию последствий боли и мучений, которые вы создали. После смерти вы будете одни или возможно в близком или в дальнем присутствии Бога.

А перед смертью? К сожалению, мир становится враждебным местом. Какому ребёнку сегодня удаётся успешно избежать школы? Окружающая среда разрушена. Неизвестные учёным западные медикаменты разрушают вашу нервную систему. Отсутствие целостной нервной системы для вас, естественно, нехорошо. Прогнозы почти для всех довольно мрачные.

Ранее я упоминал прогресс в разрушении Западной цивилизации: персидской, греческой, римской, христианской и американской, и как индийская мысль положила им начало.

Следующая фаза, которая уже началась, это уничтожение йогой американизма. Йога – священный предмет. В своей книге «Йога» я ссылаюсь на несколько драматических эффектов, которые йога произвела на человечество. Когда 5 величайших философов Индии создавали изменение мира, их философии работали медленно. Они не уловили корневую причину отсутствия изменений. Пока их работа возымела полный эффект прошло 2500 лет.

Йога проникает в сущность человечества и не работает медленно. В течение следующих 45 лет вся жизнь на земле будет уничтожена. Величайшим философом всех времён был Патанджали, и я комментирую его работу в своей книге «108 голов Господа Патанджали».

В своей книге я показываю, что среди 196 сутр была одна, которая предназначалась приверженцам Бога, а 108 – остальной части человечества.

В индийских легендах Патанджали известен как Адишеша – священная кобра со 108 головами. Наиболее работоспособная сила вселенной. Он поддерживает Бога.

С другой точки зрения он был только обычным индийским философом, который работал на персов около 500 года до н.э. Я сомневаюсь, что он догадывался о значении своей работы. Он слушал, что Бог говорил ему, и пересказывал это. Впоследствии индийцы вскоре обнаружили писание, и тогда оно было издано. Только в одних США находится 10.000 учителей йоги. На коммерческой основе они учат постоянно растущую аудиторию студентов: в данный момент около 1 миллиона. С ухудшением условий на Земле в грядущие годы количество студентов будет расти экспоненциально.

Понимаем мы то или не понимаем, но все мы являемся инструментами Бога, выполняя Его работу.

Шям занимается йогой с 1957 года, а преподаёт её с 1973 года.

Он получил христианское воспитание в Англии.

В Кэмбриджском университете он начал интересоваться философией йоги и индуизмом.

Позже он снял вою индусскую священную нить, с целью полностью посвятить свою жизнь помощи всем добрым людям становиться счастливыми.

В своей жизни Шям обрёл разнообразный религиозный опыт, и каждое мгновение, свободное от сна, он поклоняется Богу.

У истории есть своё предназначение, так же, как у вас и у меня.

В этой книге я описываю это предназначение и, затем, обосновываю, почему история существует, почему существуете вы, и согласующееся с этой причиной объяснение всех основных событий в развитии мира вплоть до сегодняшних дней.

Что это за события?

- Создание Вселенной
- Создание Земли
- Создание жизни
- Создание человеческой формы жизни
- Создание языка
- Потеря веры в Бога
- Подъём Западных цивилизаций персов, греков, римлян, христиан и американцев.

Если вы большой любитель Западной цивилизации, то при чтении этой книги у вас волосы поднимутся дыбом.

Я родом из Индии и, поэтому, Западный читатель может не найти в мыслях, которые я здесь излагаю, то, что он хотел бы увидеть. Тем не менее мысли эти ни у кого не заимствованы

www.ingramcontent.com/pod-product-compliance
Lightning Source LLC
Chambersburg PA
CBHW050354290526
45785CB00006B/2768